1억 년 전 공룡오줌이 빗물로 내려요

와이즈만 환경과학 그림책은 우리 환경, 푸른 지구를 지켜 나가는 길을 함께 찾아가는 시리즈입니다.

와이즈만 환경과학 그림책 ❺
1억 년 전 공룡 오줌이 빗물로 내려요

초판 1쇄 발행 | 2013년 9월 12일
초판 10쇄 발행 | 2022년 10월 20일

강경아 글 | 안녕달 그림 | 와이즈만 영재교육연구소 감수 | 수도박물관 추천
발행처 | 와이즈만 BOOKs
발행인 | 염만숙
출판사업본부장 | 김현정
편집 | 오미현 원선희
디자인 | 디자인 PURE
마케팅 | 강윤현 백미영
출판등록 | 1998년 7월 23일 제1998-000170
제조국 | 대한민국
사용 연령 | 6세 이상
주소 | 서울특별시 서초구 남부순환로 2219 나노빌딩 5층
전화 | 마케팅 02-2033-8987 편집 02-2033-8928
팩스 | 02-3474-1411
전자우편 | books@askwhy.co.kr
홈페이지 | mindalive.co.kr

저작권자 ⓒ 2013 강경아, 안녕달
이 책의 저작권은 강경아, 안녕달에게 있습니다.
저자와 출판사의 허락 없이 내용의 일부를 인용하거나 발췌하는 것을 금합니다.

잘못된 책은 구입처에서 바꿔 드립니다.

*와이즈만 BOOKs는 (주)창의와탐구의 출판 브랜드입니다.

1억 년 전 공룡오줌이 빗물로 내려요

강경아 글 | 안녕달 그림 | 와이즈만 영재교육연구소 감수
수도박물관 추천

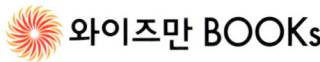
와이즈만 BOOKs

톡톡톡 툭툭툭
비가 내려요.
오랜 옛날 공룡들이 누었던 오줌이
먼 길을 돌고 돌아와
오늘 비가 되어 내려요.

우리 조상은 오래전부터 농사를 지으며 살았어요.
주로 논농사를 지었는데, 빗물은 농사를 짓는 데 꼭 필요했어요.
벼가 물을 흠뻑 먹어야 쑥쑥 잘 자랄 수 있거든요.
그래서 농부들은 논 가까이에 둠벙˚이나 저수지를 만들어 빗물을 모았어요.
논이 마를 것 같으면 모아 놓은 빗물을 끌어다 썼지요.

둠벙 논에 물을 대기 위해 만든 작은 물웅덩이.

집에서도 빗물을 모아 썼어요.

비 오는 날 처마 밑에 커다란 항아리를 놓아 빗물을 받았어요.

항아리에 모은 깨끗한 빗물로 차를 끓이고 밥을 지었지요.

빗물은 마실 물이 부족한 섬에 사는 사람들이나

깊은 산골에 사는 사람들에게도 모두 소중했어요.

2004년 인도네시아 반다아체에 쓰나미가 덮쳤어요.
바다에서 거대한 해일이 몰려왔고 그 피해는 엄청났지요.
살아남은 사람들은 당장 마실 수 있는 물이 필요했어요.
하지만 짠 바닷물이 섞인 우물물은 마실 수가 없었어요.
그때 마실 물을 대신했던 것이 빗물이었어요.
빗물은 이렇게 예기치 못한 자연재해 앞에서
큰 힘이 되기도 했답니다.

하지만 요즘은 빗물을 모아 두었다가 쓰는 사람이 거의 없어요.
빗물 대신 강물을 끌어와 깨끗한 수돗물로 만들어 쓰거나
땅속 깊은 곳에 있는 지하수를 퍼 올려서 쓰지요.

강에서 물을 끌어와 깨끗하게 거르고 소독한 뒤 우리가 마실 수 있는 수돗물을 만들어요.

수도꼭지만 돌리면 물이 콸콸 쏟아져 나오니
사람들은 너도나도 편리하게
수돗물이나 지하수를 쓴답니다.

그렇게 소중한 빗물이 버려지면
조금만 가뭄이 들어도 강은 금세 바닥을 드러내요.
우물은 쉽사리 말라 버리고 지하수는 예전처럼 잘 나오지 않아요.
이제 사람들은 더 멀리서, 더 깊은 곳에서 물을 끌어와야 해요.

비가 내리면
공기 속에 섞여 있는 매연과
아주 작은 먼지들이 비에 씻겨 내려가요.
빗물이 콘크리트 바닥 위에 머물면
도시의 온도는 3도 정도 내려가고
열대야도 줄지요.

게다가 도시의 한여름은 온종일 뜨거워요.
콘크리트 건물과 아스팔트 도로가 열기를 잔뜩 머금었다가 내뿜거든요.
자동차가 뿜어내는 매연도 답답해요.

도시의 뜨거운 기운 때문에 비가 내려도 땅이 금세 말라 버려요.
빗물이 땅 위에 조금만 머무른다면 도시의 열기를 식힐 수 있고,
답답한 공기도 맑게 씻어 줄 수 있을 텐데 말이에요.

이렇게 비가 오지 않아 메마른 때를 대비해서
빗물을 모아 보면 어떨까요?
지붕에 빗물받이 시설을 만들고
기다란 관을 연결해서 아래쪽에 빗물 모을 통을 만들어요.
저금통에 동전을 모으듯 빗물을 모으는 거예요.
막 내리기 시작한 빗물에는 공기 중에 떠다니는
오염 물질이 많이 섞여 있어요.
그러니 처음에 내리는 빗물은 흘려보내고
시간이 조금 지난 뒤 내리는 빗물을 받아 통에 모아요.

깨끗한 페트병에 빗물을 담아
은박 매트나 양철 지붕 위에 올려 둬요.
그리고 강한 햇빛을 6시간 정도 쬐어 주면
혹시 남아 있을지 모를
나쁜 세균이 없어져요.

빗물은 깨끗한 통에 모아
볕이 안 드는 서늘한 곳에
보관해요. 그러면 6개월까지
쓸 수 있어요.

모은 빗물은 도로를 청소할 때도 써요.
도로 양옆에는 먼지가 많이 쌓여 있는데,
자동차가 도로를 달릴 때마다 이 먼지들이 공중으로 흩날려요.
풀풀 흩날리는 먼지들은 지나가는 사람들에게 해로워요.
이때 빗물로 도로를 청소하면 거리가 한결 깨끗해질 거예요.

그뿐이 아니에요.

빗물을 채워 공원 안에 작은 연못을 만들 수 있어요.

빗물 연못은 공원을 산책하는 사람들에게 쉼터가 되어 줘요.

아이들에게는 유익한 생태 학습장이 되기도 하지요.

빗물은 동물원에서도 써요.
동물 우리를 청소하거나
동물원의 정원수를 가꾸는 데 쓰지요.

빗물은 공항이나 큰 건물 화장실에서도 써요.
공항이나 큰 건물에는 오가는 사람들이 많아요.
그러니 화장실을 이용하는 사람들도 많겠지요?

실제로 싱가포르 공항에서는 빗물을 모아 화장실에서 쓰고 있어요.
중수도˚ 시설로 깨끗하게 모은 빗물을
손 씻는 물이나 변기 물로 쓰지요.

중수도 빗물이나 한 번 사용한 물 따위를 다시 사용하도록 만든 시설이에요.

빗물은 경기장을 청소하거나
잔디를 관리하는 데도 써요.
2002년 우리나라에서 월드컵이 열렸을 때
경기장 열 곳 중 네 곳인 인천, 대전, 전주,
서귀포 경기장에 빗물받이 시설을 만들었어요.
그 시설에서 깨끗하게 걸러진 빗물은
화장실에 쓰이거나 경기장 청소에 쓰였지요.
잔디에 물을 줄 때 사용하는 스프링클러(살수기)에 사용되기도 했어요.

빗물은 산불을 끄는 데도 써요.
추운 겨울이 지나고 기온이 차차 올라가는
봄에는 건조한 날씨 탓에 나무들이 바짝 말라요.
그러면 산불이 일어나기 쉽지요.
그때 빗물을 모아 둔 통이 산 곳곳에 있다면
불을 끄는 데 아주 쓸모 있게 사용할 수 있을 거예요.

그런데 빗물 오염이 점점 심해지고 있어요.
공기 중에 작은 먼지와 자동차가 뿜어내는 배기가스,
공장 굴뚝에서 쏟아져 나오는 매연이
갈수록 심해지기 때문이에요.
더욱이 원자력 발전소에서 흘러나오는
방사능 물질은 배기가스나 매연보다
빗물을 심각하게 오염시켜 더욱 위험하지요.

좀 더 편리하게 생활하려고
우리가 너무 많은 에너지를 쓰기 때문에
배기가스와 매연 그리고 방사능에 이르기까지
빗물을 오염시키는 물질이 점점 늘고 있는 거예요.

모든 물의 시작인 빗물이 오염되면
땅에서 자라는 동식물이 병들고
강이나 바다에 사는 생물도 병들어요.
그러면 결국 그것을 먹고 사는 우리에게 피해가 돌아와요.
자칫 우리의 생명까지도 위협을 받게 되지요.

빗물을 소중한 자원으로 쓰면
지구를 건강하게 지킬 수 있어요.
빗물은 자연과 우리를 살리는 최고의 물이니까요.

 빗물 퀴즈

1. 빗물이 땅속으로 스며들어 고인 물을 무엇이라고 할까요?

    ① 수돗물　　　② 지하수　　　③ 강물　　　④ 계곡물

    ☞ 16~17쪽에서 찾아보아요.

2. 우리 조상은 농사를 지을 때 빗물을 어디에 모았을까요?

    ① 항아리　　　② 창고　　　③ 둠벙　　　④ 우물

    ☞ 8~9쪽에서 찾아보아요.

3. 아래 그림 속 농부가 말하는 논은 무슨 논일까요?

_____은 산을 타고 흘러내리는 빗물이 자연스럽게 고여 이룬 논이에요.

☞ 8~9쪽에서 찾아보아요.　　　　　　정답 : _____

4. 빗물은 어떻게 모아야 할까요? 맞는 것에 O, 틀린 것에 X하세요.

    ① 막 내리기 시작한 빗물부터 모아요. (O, X)

    ② 빗물을 저장한 통은 따뜻한 곳에 보관해요. (O, X)

    ③ 페트병에 담아 은박 매트나 양철 지붕 위에 두고 6시간 정도 햇빛을 쬐어 주면 나쁜 세균이 없어져요. (O, X)

    ☞ 22~23쪽에서 찾아보아요.

5. 모은 빗물은 집에서 어떻게 쓸 수 있나요?

☞ 24~25쪽에서 찾아보아요.

6. 빗물을 오염시키는 원인을 모두 골라 O하세요.

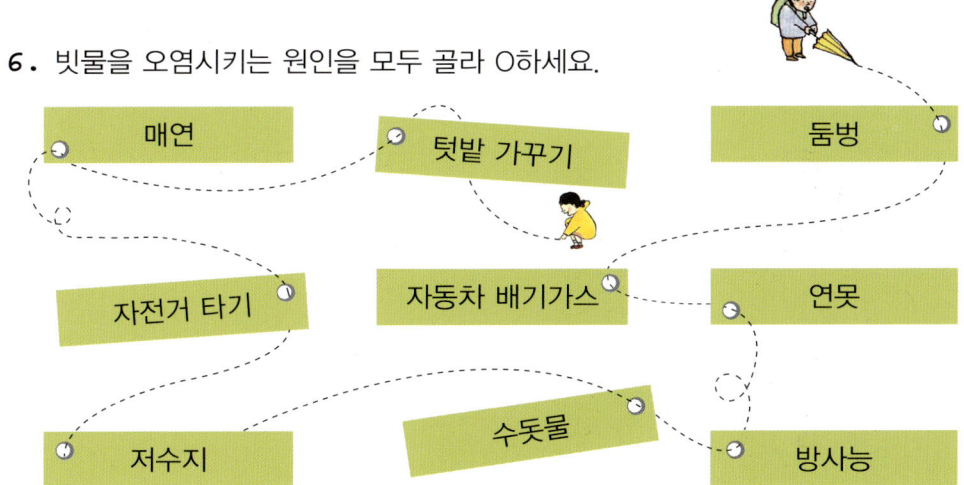

☞ 16~17쪽, 38~39쪽에서 찾아보아요.

7. 빗물이 계속 오염되면 어떻게 될까요?

　① 강이나 바다에 사는 생물이 병들어요.

　② 땅에서 자라는 동식물은 병들지 않아요.

　③ 빗물이 오염되어도 우리는 피해를 입지 않아요.

　☞ 42～43쪽에서 찾아보아요.

8. 깨끗한 빗물을 얻기 위해 우리가 할 수 있는 일이 있어요.
아래 친구들의 이야기에서 그릇된 것을 고르세요.

☞ 44～45쪽에서 찾아보아요.

9. 빗물을 직접 그려서 저장 통에 모아 보세요.

☞23쪽의 그림을 살펴보세요.   정답은 56쪽에☞

빗물은 자연과 사람을 살리는 최고의 물

비가 내리면 밖에 나가 뛰어놀지 못하고,
나들이나 소풍을 가려고 해도 갈 수 없어 속상했어요.
밖에 나갔다가 갑자기 내리는 소나기에 당황한 적도 있었지요.
생각해 보니 어렸을 적, 비에 대한 생각은 별로 좋지 않았던 것 같아요.

그런데 얼마 전 가로수들이 물주머니를 달고 있는 모습을 보고 충격을 받았어요.
오랫동안 비가 내리지 않아 물이 나오지 않는 곳도 생기고요.
말로만 듣던 가뭄 피해가 당장 내 문제가 되고 보니
비에 대한 생각이 예전과 많이 달라졌어요.

세계 인구는 점점 늘고 사용하는 물의 양도 엄청나게 늘고 있어요.
하지만 사람들은 물을 아낄 생각을 하지 않아요.
그러다 보니 강이나 호수, 지하수 등 우리가 쓸 수 있는
물이 점점 부족해지고 있어요.
물이 부족하니 생물들이 사라지고 생태계가 파괴되어 가요.
큰 강에서 물을 끌어오는 문제로 나라끼리 다툼을 벌이기도 해요.

이렇게 전 세계적으로 물이 부족한 때에 무심코 흘려버리는 빗물을 모아
다시 쓸 수 있다면 많은 사람에게 도움이 될 거예요.
실제로 여러 나라에서 빗물을 활용하는 사례가 늘고 있답니다.
우리가 쓰고 마실 빗물이 오염되지 않도록
보호하는 데에도 많은 노력을 기울이고 있지요.

여러분, 이 책을 덮으면서 꼭 잊지 마세요!
물의 순환 과정을 거쳐 1억 년 전 공룡 오줌이 어제 내린 빗물일 수도 있고,
오늘 내가 마신 생수가 될 수 있다는 것을요.

빗물의 소중함을 생각하는
강경아

물의 소중함은
아무리 강조해도 지나치지 않아요

지금 우리는 수도꼭지만 돌리면 물이 콸콸 쏟아져 나오는 시대에 살고 있습니다. 너도나도 편리하게 물을 사용하고 있지만 정작 물의 소중함은 잊고 지낼 때가 많습니다.

지구상의 모든 생명체는 물이 꼭 필요합니다. 빗물은 모든 물의 시작입니다. 빗물은 지구의 물을 끊임없이 채워 주고, 우리 주변의 생물들을 소중히 키워줍니다. 이러한 빗물을 효율적으로 활용하는 방안은 물 부족 문제 해결의 중요한 열쇠가 될 수 있습니다.

지구 전체 물의 양은 시간이 흘러도 변하지 않습니다. 지구는 수십억 년 동안 늘 같은 양의 물을 유지하고 있다는 것입니다. 오늘 내가 양치할 때 사용했던 물은 수백 년 전 지구 반대쪽에서 설거지를 했던 물일 수도 있고, 수억 년 전의 공룡 오줌일 수도 있습니다. 이렇듯 지구의 물은 물의 순환을 통해 돌고 돌며 깨끗함을 유지하고 있습니다. 사람들은 점점 늘어나고, 필요한 물의 양도 그만큼 많아지고 있기 때문에 한 사람이 매일 사용하는 물의 양은 백 년 전보다 여섯 배나 늘었다고 합니다.

각자가 물을 아끼고, 보호해야 전 세계 모든 사람들이 물을 충분히 쓸 수 있습니다. 그 첫걸음으로 양치질할 때 반드시 컵을 사용하고, 목욕을 할 때 비누칠하는 동안 수도꼭지를 꼭 잠급니다. 집 안이나 정원에 있는 식물에 물을 줄 때에는 빗물을 모아서 주는 것도 좋은 방법입니다. 생활 속의 작은 실천들이 모인다면 다음 세대에게 깨끗한 물을 물려줄 수 있습니다.

수도박물관은 우리나라 최초의 정수장인 뚝도수원지 제1정수장이 있던 곳입니다. 수돗물 공급 100주년을 기념하기 위해 2008년 문을 열었는데요. 상수도 역사와 문화, 그리고 수돗물을 주제로 한 상수도 전문 박물관입니다. 기회가 된다면 많은 분들이 이곳에 오셔서 물과 환경에 대한 이해의 폭을 넓히고 애정을 키워, 생활 속에서 물을 사랑하고 아껴 쓰게 되기를 진심으로 바랍니다.

수도박물관 학예연구사
정인종

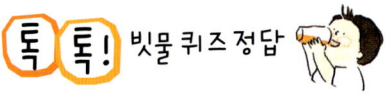 빗물 퀴즈 정답

1. ② 지하수

2. ③ 둠벙

3. 다랭이논

4. ① X   ② X   ③ O

5. ① 마당을 청소하고 자동차를 닦는 데 써요.
   ② 세탁실에서 빨래할 때 써요.
   ③ 텃밭에서 채소와 과일을 가꾸는 데 써요.
   ④ 부엌에서 끓이거나 숯을 사용해 걸러서 마실 물로 써요.

6. 매연, 자동차 배기가스, 방사능

7. ① 강이나 바다에 사는 생물이 병들어요.

8. ③

9. 23쪽의 그림을 참고하여 빗물을 그려 보세요.

글쓴이 강경아

대학에서 정치학을 공부했고, 〈어린이책 작가교실〉에서 어린이 책 글쓰기를 배웠습니다. 글을 쓰면서 어린이와 같은 마음으로 '함께 사는 세상, 더불어 사는 세상'을 알아 갑니다.
지은 책으로 《거북이를 맛있게 먹는 방법》이 있습니다.

그린이 안녕달

대학에서 시각 디자인을 배웠습니다. 어린이의 마음을 따뜻하게 보듬어 줄 좋은 그림을 그리려고 노력합니다.

추천 수도박물관

수도박물관은 우리나라 최초의 정수장 부지에 세워진 상수도 전문박물관입니다.
2008년 서울의 수돗물 아리수의 통수 100주년을 맞아 관람객들에게 물과 환경의 소중함, 수돗물의 역사와 문화, 수돗물의 안정성과 우수성을 알리기 위해 개관하였습니다. 1908년부터 수돗물을 생산하여 공급했던 역사적인 장소를 복원하고 정비하여 현장 학습의 장으로 활용하고 있습니다.